AF346404

PIERRE II

NOUAILHER

(NÉ VERS 1657, † LE 28 SEPTEMBRE 1717)

PREMIÈRE ET DEUXIÈME MANIÈRES

PAR

LOUIS BOURDERY

PEINTRE ÉMAILLEUR

LICENCIÉ EN DROIT

MEMBRE CORRESPONDANT DU COMITÉ DES SOCIÉTÉS DES BEAUX-ARTS DES DÉPARTEMENTS

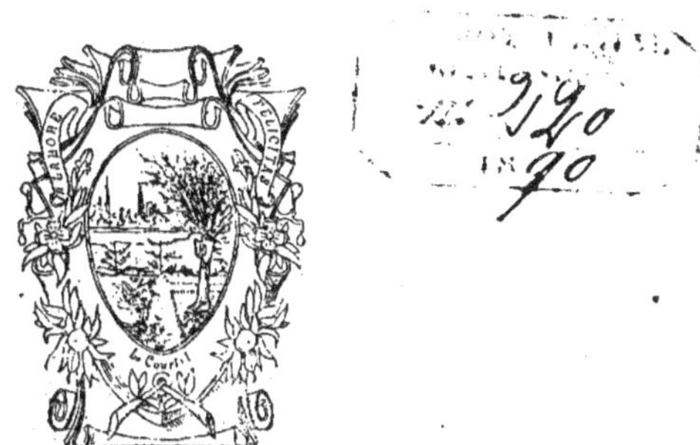

LIMOGES

IMPRIMERIE ET LIBRAIRIE LIMOUSINE

Vᵉ H. DUCOURTIEUX

Libraire de la Société archéologique et historique du Limousin

7, RUE DES ARÈNES, 7

1890

PIERRE II NOUAILHER

PIERRE II
NOUAILHER

(NÉ VERS 1657, † LE 28 SEPTEMBRE 1717)

PREMIÈRE ET DEUXIÈME MANIÈRES

PAR

LOUIS BOURDERY

PEINTRE ÉMAILLEUR

LICENCIÉ EN DROIT

MEMBRE CORRESPONDANT DU COMITÉ DES SOCIÉTÉS DES BEAUX-ARTS DES DÉPARTEMENTS

LIMOGES

IMPRIMERIE ET LIBRAIRIE LIMOUSINE

Vᵉ H. DUCOURTIEUX

Libraire de la Société archéologique et historique du Limousin

7, RUE DES ARÈNES, 7

1890

PIERRE II NOUAILHER

(NÉ VERS 1657, † LE 28 SEPTEMBRE 1717)

PREMIÈRE ET DEUXIÈME MANIÈRES

Le 21 juillet 1888, Mme Hamon, libraire à Blois, chargée de la vente de pièces d'émaillerie, envoyait chez nous, en communication, à M. le commandant de Saint-Didier, collectionneur éclairé de cette ville, vingt émaux peints anciens. Dans ce nombre, se trouvaient trois émaux signés *P. Nouailher*, ou simplement *Nouailher*, et que nous attribuons, d'après la classification que nous avons faite d'émaux analogues (1), à Pierre II Nouailher.

Ces trois pièces sont typiques : la première caractérisant les plus anciens et les meilleurs ouvrages de Pierre Nouailher (presque tous ceux de cette catégorie que l'on connaît jusqu'ici sont en grisaille); la troisième, les travaux en couleur beaucoup plus nombreux, d'un aspect si particulier, attribués sans conteste à cet artiste, et qui accusent une décadence accentuée; la seconde, établissant la transition entre les deux autres. En vertu d'un axiôme connu, s'il devient certain que cette dernière pièce émane du même auteur que les deux autres, il sera évident que la première et la troisième, signées *P. Nouailher*, sont d'un seul et même émailleur.

Vu la différence d'aspect, plus apparente que réelle, de ces deux émaux, il faudra donc conclure, comme nous l'avions fait déjà, que Pierre II Nouailher a eu deux manières assez distinctes.

---

(1) Voir nos « *Emaux peints à l'Exposition rétrospective de Limoges en 1886*, page 187 ». Limoges, Ducourtieux, 1888, in-8°.

Si nous revenons aujourd'hui sur cette question, c'est que, quelque évidente qu'elle fût pour nous déjà, depuis l'examen approfondi des émaux de Pierre II Nouailher exposés à Limoges en 1886, les trois pièces envoyées de Blois fournissent à l'appui de notre thèse une démonstration quasi-scientifique, à laquelle les personnes qui éprouvaient encore des hésitations à partager notre manière de voir, ne nous semblent pas ne pas pouvoir se rendre.

1° Un saint abbé (saint Bruno?).

Plaque ovale en grisaille. Hauteur : 0^m,110, — largeur : 0^m,090. — Le saint, à mi-corps, les mains croisées sur la poitrine, la tête de trois-quarts à gauche, regarde au ciel. Du bras gauche, il tient le bâton d'une crosse, dont la volute serait hors du cadre. Une auréole rayonnante en or entoure sa tête ; des rayons d'or, partant du ciel en haut à gauche, se dirigent vers lui. Le fond est une muraille grise, toute en imitation d'appareil régulier, obtenue par une légère teinte de blanc sur le fond général noir de la plaque et avec tracé de l'appareil rapporté en noir au pinceau ; elle est très sombre d'aspect. — Le costume noir du saint est produit par le fond, relevé de très légères lumières blanches modelant les plis. Il se compose d'une soutane et d'un manteau à capuchon recouvrant la moitié postérieure de la tête. Le travail en est mou, sans caractère et peu habile.

Les mains sont modelées assez délicatement en blanc, quoique d'une façon un peu sommaire, tracées par un enlevage très sec dessinant le contour des doigts, avec lumières blanches posées aussi sèchement et avec une certaine dureté ; les parties les plus claires sont fortement empâtées.

La tête est modelée de même, mais plus lourdement ; on y retrouve encore l'aspect très affaibli des modelés du commencement du xviie siècle, de Jean I Limosin, par exemple. Elle est, du reste, d'un dessin détestable, la ligne de la bouche étant en complet désaccord avec celle des yeux. La physionomie, au nez large et pointu rappelant réellement le groin d'un certain animal, est, en somme, grotesque. La tête est rasée, une mince couronne monacale de cheveux rapportés en petits traits noirs fait le tour du crâne. Le ton de chair est léger, posé en lavis, et enlevé, dans les lumières, avec grattages en blanc traversant la figure dans les demi-teintes. Les yeux et le nez sont redessinés sèchement en noir (comme on le remarque sur les émaux de la seconde manière,

seulement dans ces derniers les traits sont plutôt bistres que noirs).
Les lèvres sont (comme dans la deuxième manière) peintes en plein
en rouge opaque, d'un ton corsé, et font une tache rouge dure
dans la figure d'une tonalité assez pâle.

L'auréole d'or est exactement la même que celle du *Saint Joseph*,
la troisième pièce, que nous étudierons tout à l'heure, et qui caractérise la seconde manière de Pierre II Nouailher. Elle se compose
alternativement d'un rayon ondulé et de trois ou quatre rayons
droits ; la facture est identique sur les deux émaux.

Le revers est en fondant un peu oxydé de rouge. Nous avons
calqué scrupuleusement la signature qui y est tracée, et nous la
reproduisons ici :

Nouailher
emaillieur
a Limoges
·P. N·

Elle est écrite en noir au pinceau, probablement sous le fondant
et à même le cuivre. Le fondant, absorbé sans doute, à la cuisson,
par l'oxyde noir des lettres, donne à sa surface une empreinte légè-
rement creuse de la signature.

Comme art, cette pièce est, en somme, très faible. Au premier
abord, on y retrouve, avons-nous dit, l'aspect sombre et un peu
léger de quelques travaux du cours du XVIIe siècle. On ne peut,
toutefois, par son dessin médiocre et la faiblesse du style, la faire
remonter au-delà de 1682, date du *Baiser de Paix* du Musée Adrien
Dubouché de Limoges, et il est parfaitement admissible qu'elle soit
du Pierre Nouailher, auteur de ce dernier. C'est l'avis des mem-
bres de la Société archéologique qui assistaient à l'examen des
émaux envoyés de Blois, et notamment de notre savant secrétaire
général, M. Louis Guibert, notre courtois mais obstiné contradic-
teur.

Si on examine attentivement la pièce, on y retrouve déjà, outre
la faiblesse du dessin et du style, le goût maniéré des Nouailher de

la décadence ultérieure, ces yeux levés au ciel, cette sorte de chinoiserie dans la physionomie affectionnée par eux, et que, du reste, Pierre II, même dans les émaux de la seconde manière, n'a pas poussée plus loin qu'ici, et que les derniers Nouailher ont exagérée à l'excès d'une façon grotesque. Le modelé blanc des nus est un peu mieux étudié ici (surtout aux mains) qu'au *Saint Joseph*, mais il faut en chercher la raison dans la date plus ancienne de l'exécution, date à laquelle l'artiste était encore un peu influencé par les maîtres du xviiᵉ siècle. Les chairs et les traits des nus sont déjà les mêmes que sur le *Saint Joseph*, en lavis roses légers, et en lignes sèches extrêmement déliées au pinceau. Le glacé des carnations a le même brillant et le même éclat que sur cette autre pièce et tous les travaux de la deuxième manière.

2° Saint Ignace de Loyola.

Plaque rectangulaire, en émaux de couleurs, rehauts d'or. Hauteur : 0ᵐ,092, — largeur : 0ᵐ,075.

Le saint est vu à peu près à mi-corps, dans un ovale cerné d'un trait d'or et d'un liseré blanc de deux millimètres et demi de largeur. Coins en rocaille. Au bas, bande du noir du fond avec ligne horizontale d'or au-dessus pour la délimiter ; inscription en or : S. IGNATIVS DE LOIOLA. Le saint a la main gauche appuyée sur un livre ouvert où se lit en noir sur blanc AD MAIOREM DEI GLORIAM (toutes ces inscriptions sont en lettres assez mal formées et sans élégance). Le bras droit est replié, la main levée et ouverte, la paume en avant. La tête est de trois-quarts à droite, elle regarde au ciel ; une auréole exactement semblable à la précédente l'entoure.

Saint Ignace est vêtu en prêtre, d'un surplis blanc et d'une chasuble bleue à bandes gris-jaune, brochée de larges fleurs et ornements sur toute sa surface, exécutés en blanc sous l'émail et rehaussés d'or par-dessus. En haut, l'ouverture de la chasuble laisse voir le col d'un vêtement violet, orné de dessins analogues (ils sont un peu lourds, mais non sans ampleur et dans le goût des riches étoffes du milieu du xviiᵉ siècle). Autour du cou apparaît le bord d'un linge blanc comme le surplis. Le sujet doit être exécuté d'après une gravure du temps de la canonisation du saint (1622).

Le fond général de la plaque est noir comme dans la précédente et dans celle du *Saint Joseph*, comme aussi, du reste, dans tous les émaux de Pierre II Nouailher que nous connaissons, tant à la première qu'à la seconde manières.

Le contre-émail est en fondant et porte la signature suivante, écrite par-dessus en rouge foncé opaque ; nous l'avons décalquée, comme la précédente, avec une minutieuse fidélité :

Nouailher
emaillieur
a Limoges

On remarquera l'analogie frappante des N initiales, des *r*, des L dans Limoges, et surtout des *s* finales de ce mot, qui sont caractéristiques ; l'orthographe du mot *emaillieur* est la même sur les deux pièces, et la disposition des trois mots les uns au-dessous des autres, appuyant un peu plus à droite à chaque ligne, est encore à noter.

Cette signature est écrite très couramment au pinceau, comme la précédente, et elle est tellement de la même main que si, à l'aide de calques, on en applique chaque ligne sur la ligne correspondante, les lettres tombent presque mathématiquement les unes sur les autres. L'analogie est frappante.

Cette pièce est très intéressante comme document de transition entre les deux manières ; elle doit dater de la fin du xvii° siècle environ. Elle a toujours le revers de fondant de la première manière, un air de famille (très éloigné, il est vrai) avec les productions du cours du xvii° siècle et ne sent pas encore le plein xviii°. Ainsi, la méthode y est toujours bonne, les modelés préparés par transparence de blanc, d'une façon surtout remarquable dans les dessins de la chasuble (1) ; la tête est presque complètement empâtée, il est vrai, mais celle du *Saint Bruno*, précédemment étudiée, commençait à l'être beaucoup aussi. Le dessin n'en est pas trop mauvais, bien préférable même à celui de la tête du *Saint Bruno*.

---

(1) *La Vierge et l'Enfant Jésus*, plaque en émaux de couleurs sur fond noir, de la seconde manière de Pierre II Nouailher, exposée à Limoges en 1886, sous le n° 363, offrait une table recouverte d'un tapis vert à ramages préparés en blanc exactement de la même façon. Nous pourrions en citer d'autres exemples.

L'aspect général de la plaque est assez riche et harmonieux ; son style seulement déjà très faible, la main molle, ainsi que le modelé blanc.

D'autre part, on voit s'accuser déjà tous les caractères de la deuxième manière, de façon qu'à l'examen des pièces on soit aussi assuré que le *Saint Ignace* est dû à l'auteur du *Saint Joseph*, qu'il est certain qu'il émane de l'émailleur qui a exécuté le *Saint Bruno*. Etudié entre ces deux pièces typiques, qui ont beaucoup de points de contact communs et d'analogies suffisantes déjà pour permettre d'en identifier l'auteur, il établit entre elles un lien de parenté indéniable et force à reconnaître un seul et même P. Nouailher pour l'auteur des trois émaux.

Ainsi, ce qui suffirait à faire identifier l'auteur du *Saint Ignace* et du *Saint Joseph*, c'est le modelé des plis du surplis comparé au modelé du vêtement blanc de l'Enfant Jésus par exemple. Dans, sa seconde manière, Pierre II Nouailher a une façon propre de modeler les vêtements en blanc. Il le fait en deux couches : une première couche de blanc léger est étendue à plat partout, puis des lumières de blanc sont habilement filées en traits longs et empâtés. Il arrive ainsi très vite et avec une remarquable facilité à modeler ses draperies ; mais elles sont monotones et sans effet : la lumière ne se fond pas avec la demi-teinte, les parties situées dans l'ombre sont traitées d'une façon aussi lumineuse que le côté éclairé. A ce point de vue seul, on doit déclarer les deux pièces du même auteur, et ne fussent-elles pas signées, que l'on y reconnaîtrait sans hésitation Pierre II Nouailher. Le glacé de son blanc est superbe dans l'une et l'autre, comme toujours, mais l'effet un peu heurté et sans finesse, par suite des empâtements trop rapidement obtenus du premier coup, au lieu des gradations délicates et de l'entente du modelé par lesquelles se distinguaient les maîtres du xvie siècle (1).

En outre, les colorations translucides du *Saint Ignace*, le bleu de sa chape et le violet de son col sont bien propres à Pierre II Nouailher et se rencontrent sur toutes les pièces de sa seconde manière, où elles deviennent seulement plus vives de ton, comme nous allons le constater sur le *Saint Joseph*. On ne trouve pas encore ici le rose tendre de cette dernière plaque qu'il emploie presque invariablement plus tard sur tous ses travaux. Ici l'harmonie, plus douce, rappelle un peu celle des émaux de H. Poncet,

(1) Les Laudin empâtent aussi très vigoureusement leurs grisailles du premier coup, ce qui les rend souvent lourdes et molles, mais ils fondent beaucoup plus doucement leurs diverses épaisseurs de blanc.

qui a exécuté d'ailleurs bien souvent ce sujet (peut-être Pierre Nouailher copiait-il un de ses émaux).

Si l'on compare la figure du *Saint Ignace* à celle du *Saint Joseph*, la conclusion est aussi frappante que pour le modelé du blanc, mais plus facile à saisir encore pour tout examinateur. C'est absolument le même air de tête souriant (celles de la seconde manière ont toutes cette expression plus ou moins marquée), la même façon de redessiner les traits en brun foncé, déliés et secs, le même manque de transparence du blanc dans les figures, où les lumières sont cependant empâtées très fortement, le même ton de chair rose assez léger posé en lavis avec lumières blanches enlevées et ombres rechargées du ton de chair plus épais, posé peu délicatement, en accentuant fortement la teinte des pommettes des joues, les lèvres peintes en plein rouge opaque d'un ton vif, les cheveux et la barbe dessinés à l'aide de traits bruns sèchement posés les uns à côté des autres.

L'auréole en or du saint est identique à celle du *Saint Joseph* (et à celle du *Saint Bruno*); les lettres des inscriptions sont aussi peu régulièrement et élégamment tracées sur les deux pièces.

Enfin les rocailles des coins y sont elles-mêmes à peu près identiques. Elles se composent simplement d'une sorte de fleuron au milieu et de deux petits rinceaux de chaque côté, cela posé lourdement, en très fort relief, et sans rien de l'élégance de la rocaille des Laudin; des traits d'or contournés presque au hasard et posés grossièrement les accompagnent. Sur le *Saint Ignace*, le blanc de la rocaille est retouché de petits traits noirs pour le rendre moins lourd; sur le *Saint Joseph* (ici le goût de la décadence s'accentue, c'est absolument la seconde manière), il est rehaussé des touches rose et turquoise de la pleine décadence.

Il devient certain que l'auteur du *Saint Ignace* est aussi celui du *Saint Joseph*, comme nous avons vu qu'il fallait lui attribuer le *Saint Bruno*.

3° Saint Joseph et l'Enfant Jésus.

Plaque rectangulaire en émaux de couleurs, rehauts d'or. Hauteur, 0m,118; — largeur, 0m,094. Sujet ovale, coins en rocaille.

Saint Joseph, assis, tient l'Enfant Jésus sur ses genoux; de la main gauche, qui passe derrière l'Enfant, il montre une branche de lis fleurie. Sa tête, de trois-quarts à droite, est entourée d'une auréole d'or identique, comme nous l'avons observé déjà, à celle des deux pièces précédentes. L'Enfant Jésus, vêtu d'une chemise blanche, la tête à nimbe d'or radié (celui-ci sans rayons ondulés), tient de la main droite une croix d'or et a la gauche appuyée sur le globe du monde, boule émaillée de bleu. La robe de saint Joseph est en rose tendre, son manteau en bleu d'un ton riche. — En arrière-plan, à gauche, une colonne; à droite, une muraille, en gris-jaune (ton des bandes de la chasuble du saint Ignace). A la place du ciel, simplement le fond noir de la plaque. Autour de l'ovale du sujet, liserés or et blanc comme à la plaque du *Saint Ignace*. Les quatre coins sont garnis de la même rocaille que ceux de cette dernière pièce, et au-dessous se retrouve la même bande noire avec l'inscription en or SAINT IOSEPH. Tout autour de la plaque, un filet en argent oxydé et noirci.

Le revers ou contre-émail est en lavages (1) translucides d'un ton carmélite clair, marbré de taches bleuâtres plus foncées. La signature ci-dessous, en argent oxydé, y a été calquée par nous avec le même soin que les précédentes (2) :

P. Nouailher Layné

a Limoges

C'est toujours la même orthographe et la même écriture courante sur les trois signatures, les mêmes N et L initiales, les mêmes *r* et *s* à la fin du mot Limoges. Sans tenir compte de l'analogie évidente des pièces au point de vue technique et artistique, la comparaison des trois signatures suffirait seule pour y faire reconnaître une même main.

Nous avons fait ressortir déjà les principaux caractères de cette pièce, à propos du *Saint Ignace;* nous ne l'apprécierons pas en détail, car elle est typique, et personne ne contestera qu'elle appartienne au dernier Pierre Nouailher, émailleur, dont nous avons décrit ailleurs déjà le style dans sa seconde manière (3).

(1) Résidus provenant du *lavage* des émaux divers après qu'ils ont été broyés; recueillis ensemble dans une capsule, ils constituent un émail d'un ton neutre, propre seulement à émailler le dessous des plaques.

(2) Nous possédons une pièce caractéristique, comme sujet et comme revers, de la seconde manière de Pierre II Nouailher; sa signature calquée pourrait s'appliquer exactement sur celle-ci.

(3) Voir nos publications sur les émaux peints exposés à Limoges en

Les rehauts d'or du manteau et de la robe de saint Joseph sont posés en petits traits transversaux les uns au-dessous des autres, sans délicatesse et d'un assez mauvais effet. On ne distingue d'enlevages à l'aiguille laissant apparaître le fond noir, comme moyen de modelé dans le blanc des nus, sur aucune des trois pièces. Il faut remarquer la façon dont la robe rose est préparée en blanc sous l'émail : dans les plis sombres, la première couche de blanc est très mince, et ils forment comme des sillons creux dans le reste du vêtement très empâté de blanc, sans transition aucune entre l'ombre et la lumière. Les physionomies souriantes, les chairs claires, les traits secs et déliés des nus, le beau glacé de la plaque, les colorations bien translucides mais un peu vives, la rocaille peinturlurée de turquoise et de rose, etc., tout cela caractérise surabondamment la deuxième manière de Pierre II Nouailher.

Seul, son revers n'est pas le revers typique en fondant bleuté, mais cette variante n'a ici aucune importance, l'aspect de la plaque et la signature ne laissant aucun doute sur son auteur. D'ailleurs, dans les travaux les plus accentués de sa seconde période de production, Pierre II Nouailher n'a rien d'absolument fixe dans l'adoption du ton de ses contre-émaux. Celui qui lui est bien particulier est le revers ci-dessus indiqué, en fondant bleuté ; mais à l'Exposition rétrospective de Limoges en 1886, par exemple, sur onze contre-émaux de cette époque, cinq seulement offraient le ton caractéristique et les six autres, bien qu'appartenant à des pièces non moins sûrement dues au même auteur, étaient de tons différents, dont l'un (n° 337) offrait une certaine analogie avec celui de notre *Saint Joseph*.

Voici la conclusion qui découle de l'examen des trois pièces que nous venons d'étudier. La plaque du *Saint Ignace* est en somme équivalente, comme dessin et style, à celle du *Saint Bruno* ; la tête de la pièce de transition est même préférable. Outre l'analogie très sensible qui existe entre les deux émaux au point de vue du goût et de certains détails de décor ou d'exécution, l'identité des deux signatures ne permet pas d'y reconnaître deux auteurs différents. Or, si le *Saint Ignace* et le *Saint Bruno* ont un auteur commun, l'émailleur qui les a signés doit être aussi l'auteur du *Baiser de Paix*, du Musée de Limoges, signé Nouailher et daté de 1682. Cette grisaille est plus fine et plus délicate que celle que nous venons

1886 ; sur ceux de l'exposition de Tulle en 1887, et sur ceux du Musée de Guéret (1888).

d'étudier, mais rien n'empêche de l'attribuer au même atelier que le *Saint Bruno*. Ces trois pièces sont dues par conséquent à Pierre II Nouailher, seul émailleur de ce nom qui travaillât à cette époque. — D'autre part, nous avons prouvé que le *Saint Ignace* est incontestablement dû à l'auteur du *Saint Joseph*. Donc, l'émailleur qui a produit ces trois pièces, ainsi que celle du Musée, est bien le même Pierre II Nouailher, qui a eu deux manières : l'une, au début, plus artistique si l'on veut, ou plutôt moins oublieuse des traditions de la bonne époque (à ce moment il n'exécutait à peu près que des grisailles) ; l'autre, plus influencée par la rapide décadence de notre art local (celle-ci surtout lui est bien personnelle).

Bien peu d'artistes ont traversé une période d'une certaine durée sans que leurs productions se ressentissent d'abord d'une première éducation reçue, et, plus tard, du milieu dans lequel ils travaillaient, ou du goût du public auquel ils étaient quelquefois portés, plus souvent contraints à se conformer ; d'où des transformations plus ou moins accentuées dans leur œuvre. Pour ne citer que deux contemporains de Pierre II Nouailher, ne voyons-nous pas Jacques I Laudin modifier à la fin de sa carrière sa méthode et le style de ses travaux, et son neveu, Jacques II, après avoir produit des ouvrages d'une délicatesse remarquable, en arriver au XVIIIe siècle à d'abominables peintures opaques et ternes, tout aussi pauvres d'aspect que les plus mauvaises productions des derniers Nouailher. Et, cependant, leurs divers émaux portent leurs signatures et leurs adresses et, quelque répugnance que l'on puisse éprouver à les ranger sous le nom d'un même auteur, on est obligé de se rendre à l'évidence ; ils ont eu aussi deux manières.

Mais, nous a-t-on objecté, Nouailher signe « *layné* » sur le *Saint Joseph* et sur la plupart des travaux analogues, tandis que sur le *Saint Bruno* et le *Saint Ignace*, ainsi que sur les autres pièces qui constitueraient une première manière, il signe simplement de son nom, sans l'accompagner de ce qualificatif. N'y a-t-il pas là une indication permettant de distinguer deux homonymes ? L'argument est facile à réfuter et la réponse vient à l'appui de notre thèse. Sur les ouvrages de sa première manière, l'émailleur signe simplement *Nouailher, Pierre Nouailher, P. Nouailher,* ou *P. N.*, parce que à ce moment il est seul émailleur de son nom et qu'il n'a besoin, par conséquent, de se distinguer de personne. Plus tard, au contraire, il devient l'aîné de huit frères ou sœurs, dont un au moins, Joseph, a sûrement exécuté, en même temps que lui, des émaux qui nous sont connus, sans parler de ses nombreux neveux, également émailleurs à la même époque : aussi, sur les ouvrages produits à ce moment (fin du XVIIe et commencement du XVIIIe siècle), le voyons-nous faire suivre soigneusement son nom, au revers de ses plaques, de l'indication « *layné* », afin que l'on ne confondît pas ses travaux avec ceux de ses nombreux homonymes et contemporains.

On ne peut songer à attribuer les ouvrages de sa première manière à Pierre I Nouailher. Ce dernier, grand-père de Pierre II, dit émailleur dans les actes du temps, mais dont on ne connaît aucune production, était « collateur des tailles pour le canton des Bancs » en 1601. Il était donc mort à l'époque où Pierre II, né vers 1657, a pu commencer à signer ses émaux, c'est-à-dire au dernier quart du xviie siècle.

On nous fait remarquer encore que, sur le *Saint Joseph* de la seconde manière, le mot « Nouailher » est précédé d'un « P. », tandis que le *Saint Ignace* ne porte pas l'initiale du prénom. Il suffira d'observer que sur le *Saint Bruno*, de la première manière, au bas du nom on lit « P. N. » et que l'initiale du prénom se trouve aussi souvent sur les pièces de la première que sur celles de la seconde manière (1) ; quelquefois elle fait défaut sur les unes et les autres, comme sur le *Saint Ignace* : rien de fixe à cet égard. D'ailleurs, si on ne trouvait le P. que sur les pièces de la dernière période, cela s'expliquerait de la même façon que l'adjonction du mot « layné ».

Enfin, si deux Pierre Nouailher avaient pu produire à la même époque, il serait surprenant que l'un n'eût exécuté que des travaux d'un caractère relativement artistique, à l'aspect pour ainsi dire plus ancien et plus rapproché du plein xviie siècle, tandis que l'autre n'aurait peint, en même temps et côte à côte avec lui, que dans le goût d'une décadence ultérieure. En effet, d'après les documents écrits, c'est bien un seul et même Pierre Nouailher, émailleur, qui naît vers 1657, a sept frères ou sœurs, épouse Anne Faute et meurt le 28 septembre 1717, dit âgé de soixante ans environ, laissant deux fils, Jean-Baptiste et Simon, et une fille, Marie (2). Ses travaux, en prenant à part chacune de ses deux manières, ont une analogie d'aspect et de procédés absolue, ne permettant pas de rechercher soit dans l'une soit dans l'autre, s'ils sont dus à deux auteurs différents. Chaque groupe appartient sûrement au même émailleur et il est certain aujourd'hui que les deux ont pour auteur Pierre II Nouailher.

---

(1) Voir nos *Emaux peints à l'Exposition rétrospective de Limoges en 1886*. Tableau de classement.

(2) Voir notamment les documents publiés à la fin de nos *Emaux peints à l'Exposition rétrospective de Limoges en 1886*.

Comment les textes, qui sont surabondants et précis sur les Nouailher de cette époque, relatant les naissances, baptêmes, mariages, contrats de toute sorte, décès, etc., dans lesquels nous trouvons constamment mention de l'émailleur auquel est consacrée cette notice ou de tous ceux dont les émaux nous sont aujourd'hui connus, seraient-ils muets sur un autre Pierre Nouailher, émailleur, vivant aussi en 1682 et ayant fourni un nombre considérable de pièces, le *Baiser de Paix* du Musée (signé : « *Nouailher 1682* ») et toutes celles que nous rangeons dans la première manière de Pierre II? Car, sans la signature et la date du *Baiser de Paix*, on pourrait, de prime abord, à l'examen superficiel des pièces, faire remonter la production du premier groupe de travaux à une époque plus ancienne, où notre émailleur ne travaillait pas encore; mais la pièce du Musée entraîne son attribution et celle de tout le groupe au seul Pierre Nouailher qui produisit en 1682, à Pierre II (1); et la comparaison des deux séries d'ouvrages n'empêche nullement, nous l'avons vu, leur réunion sous le nom de ce dernier, montrant les particularités et les tendances communes. L'étude sérieuse et simultanée des deux séries d'ouvrages et des pièces de transition engageait fortement à leur assigner un auteur commun; la date et la signature du *Baiser de Paix* du Musée de Limoges, constatant la production des premiers ouvrages en 1682, y oblige, puisqu'à ce moment, tant d'après les documents écrits que d'après les émaux connus, Pierre II Nouailher était seul émailleur de ce nom à Limoges.

Si les documents écrits sont muets au sujet d'un autre Pierre Nouailher, émailleur, contemporain de Pierre II, c'est que cet homonyme émailleur n'a pas existé et que Pierre II Nouailher est réellement l'auteur de tous les divers émaux dont nous venons de nous occuper, ce que nous admettons volontiers d'après leur étude.

12 mai 1889.

(1) Il se pourrait très bien que la signature de ce *Baiser de Paix* « *Nouailher 1682* » fût précédée de la lettre *P*, initiale du prénom « *Pierre* », car le revers de l'émail a été recouvert de vernis, pour consolider la manette. Par un léger grattage, nous avons mis à jour la signature ci-dessus, mais sans oser pousser assez loin notre opération pour la découvrir en entier.

Limoges, imp. veuve H. Ducourtieux, rue des Arènes.

PUBLICATIONS DU MÊME AUTEUR

Rapport sur les fouilles d'un tumulus à Liviers, avec planche. — Limoges, Chapoulaud, 1881, in-8.

Les émaux peints, avec planche. — Limoges, Ve Ducourtieux, 1886, in-8.

Catalogue raisonné des émaux peints à l'Exposition rétrospective de Limoges en 1886, avec préface par M. Louis Guibert. — Limoges, Ve Ducourtieux et Chatras, 1886, in-8.

Catalogue descriptif et raisonné des émaux peints du Musée de Guéret. — Guéret, Amiault, 1887, in-8.

Les émaux peints à l'Exposition rétrospective de Limoges en 1886, avec planches. — Limoges, Ve Ducourtieux, 1888, in-8.

Les Jean Limosin, émailleurs, avec planche. — Limoges, Ve Ducourtieux, 1888, in-8.

EN PRÉPARATION :

Essai d'inventaire général historique et critique de l'œuvre des anciens peintres émailleurs de Limoges, en collaboration avec M. Emile Lachenaud.

Limoges. — Imp. Ve H. Ducourtieux, 7, rue des Arènes.